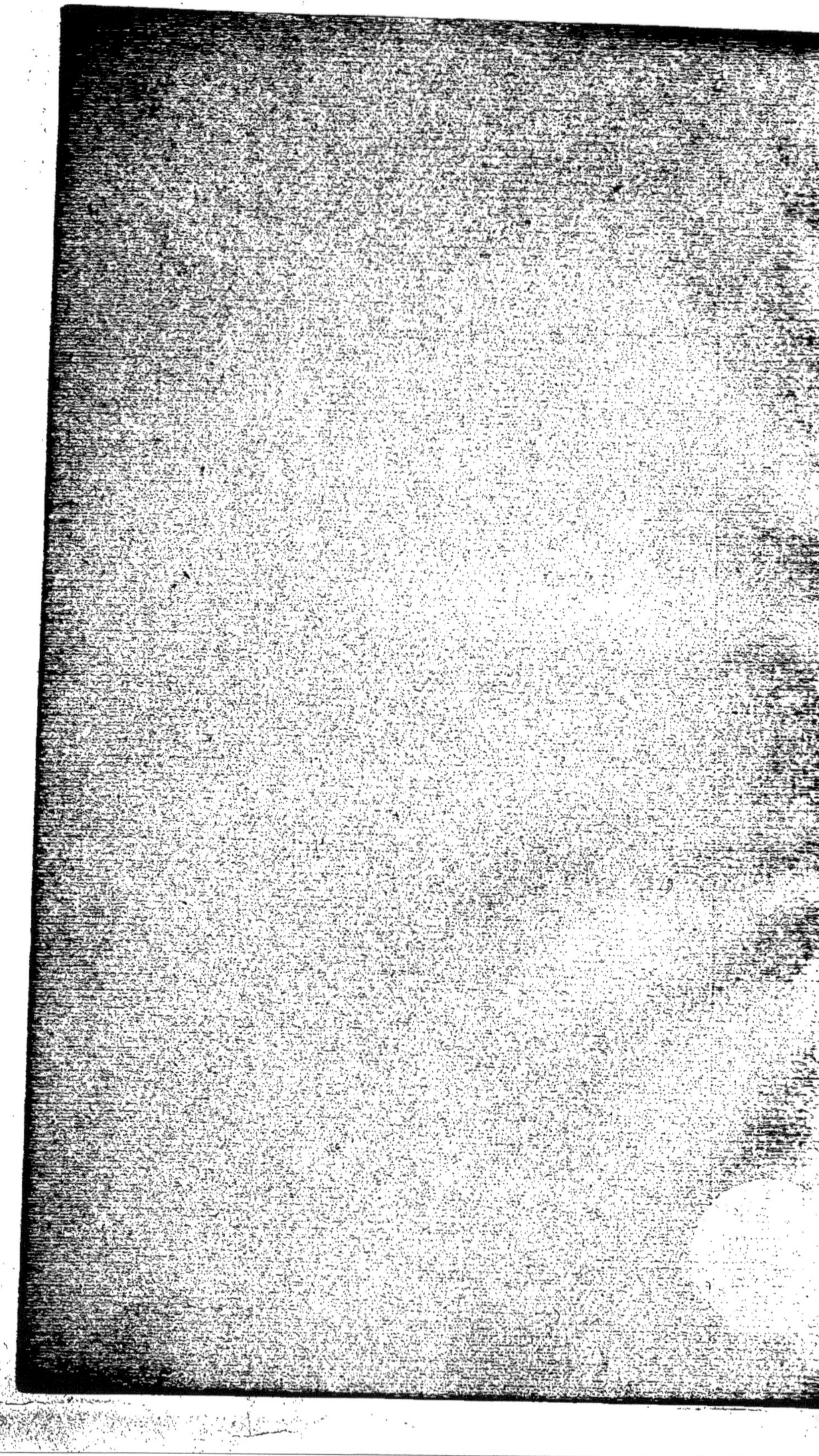

ERNEST LUPIN

LES MOBLOTS SEDANAIS

A GIVET & DANS LE NORD

EN 1870-1871

SEDAN
IMPRIMERIE DE JULES LAROCHE
22, RUE GAMBETTA, 22

1893

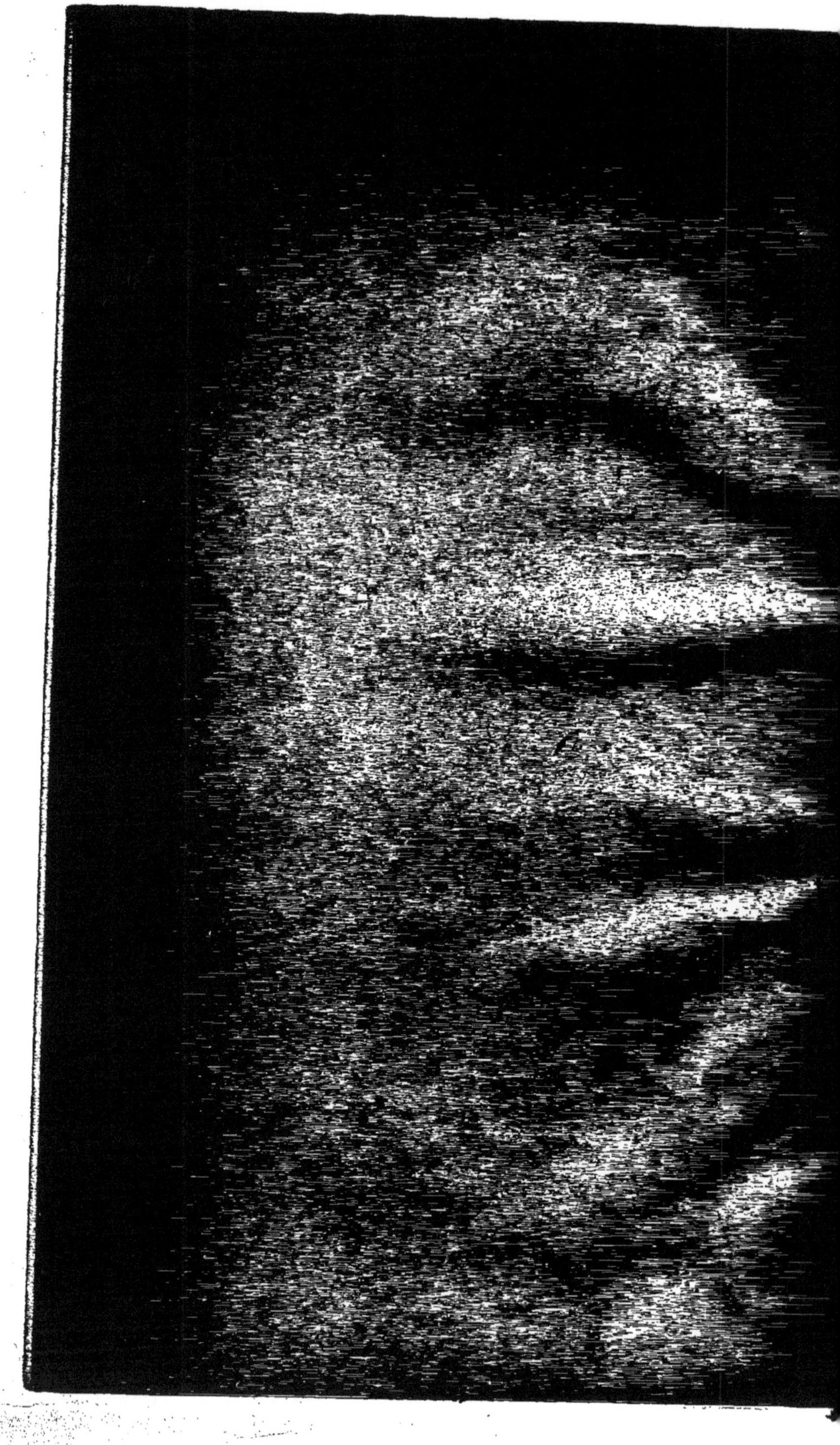

ERNEST HUPIN

LES MOBLOTS SEDANAIS

A GIVET & DANS LE NORD

EN 1870-1871

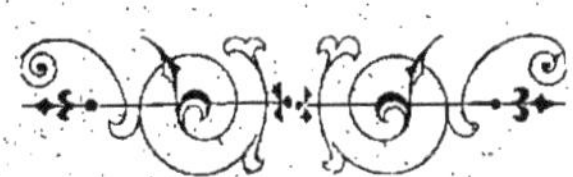

SEDAN

IMPRIMERIE DE JULES LAROCHE

22, RUE GAMBETTA, 22

1893

Aux Moblots sedanais

de 1870-1871

et

au Capitaine J. Stackler

de la Compagnie franche

LES MOBLOTS SEDANAIS

A GIVET & DANS LE NORD

EN 1870-1871

Vers le milieu du mois d'août, nous partons quinze en voiture par la route de Paris pour gagner Mézières où l'on doit repasser une révision à la préfecture.

Cette révision *pro forma*, faite par un conseil complaisant, provoque le retour à Sedan de mes compagnons de route, des camarades qui cependant s'engagèrent par la suite et firent vaillamment leur devoir ; d'autres furent trouvés propres au service cinq ou six ans après... Il était vraiment temps.

Cette révision de Mézières n'était pas précisément un encouragement !...

Heureusement que le soir, près du café de l'Univers, je rencontre l'ami Albert Husson en uniforme de vétérinaire ; il est rappelé au service. Nous allons dîner fort gaiement chez son frère, aujourd'hui curé à Flize, et l'on se sépare sans souci de l'avenir !

Nous quittons la cité de Bayard au matin, pour aller prendre le train à Charleville, accompagnés de parents, d'amis et de connaissances.

La colonne est d'un pittoresque achevé : les paysans solides en blouse bleue portent leur baluchon sous le bras ; les citadins ont une valise

à la main et d'autres comme Vannier — déjà
bombardé sergent — Ernest Prévost, Mathé,
Mauclaire (Henri), Fage (Léon et Henry), Amour,
les caporaux Pol Henry et Guillaume, *è tutti quanti*,
sont en uniforme : pantalon bleu à bande rouge,
tunique correcte en drap noir, et képi qui me
rappelle celui que je portais très mal au bahut de
la place du Collège.

On chante — non, on beugle ! — la *Marseillaise*
et le *Chant du Départ* ; l'ivresse est dans l'air, et
après tout c'est l'heure décisive qui sonne, celle
d'aller faire son devoir, en répondant à l'appel de
la patrie déjà meurtrie !...

Nous connaissions, hélas ! la portée des premiers
désastres de l'armée du Rhin et ce n'était pas,
comme on pense, la gaité dans l'âme qu'on se fit
les adieux à la gare.

Mais l'émotion passée, on grimpe dans le train
qui nous emporte vers la pointe extrême du
département.

Les bouffardes s'allument, les bidons passent
de main en main, on fraternise et l'on ne songe
guère à admirer les sites superbes de la *Suisse
ardennaise*.

*
* *

Givet, tout le monde descend... Nous saluons
la *vieille tour d'Agimont*, le fort de Charlemont
qui nous rappelle le nom du vainqueur de Pavie ;
et en face les *Maisons blanches* d'Agimont, du côté
des *Vignes*, au colombier monumental et de la
Chaumière blottie dans la verdure.

Nos officiers nous attendent et nous conduisent
place Méhul où se profile le nez énorme de l'auteur d'Iphigénie en Aulide ou en Tauride ! peu
importe.

Le buste de l'immortel compositeur appelle
l'attention des moblots sur l'un d'eux, Jazeron,
de Donchery, qui, à partir de ce jour, s'appellera
Méhul, comme le pauvre Bailly sera *Pleutain*, et
Honoré L... *Tra la la*.

On délivre les billets de logement et le hasard nous envoie loger au *Mouton bleu, le pou volant* du Grand-Givet. Mince de luxe dans l'auberge où sont attablés des joueurs d'orgue, un montreur d'ours, six manchots authentiques, deux béquillards et un aveugle qui joue aux cartes avec un pseudo marin blessé en Crimée !

Nous tournons le dos à la noble compagnie et avec J.-B. Mathé, mon camarade de lit, nous trouvons un logement plus confortable chez la maman Labie, au *Courrier des Ardennes*, près de l'Esplanade et du jeu de balles.

Dans la soirée, nous faisons connaissance avec la jeunesse du pays ; des moblots roublards découvrent le *carreau brouillé*, derrière l'église ; d'autres passent le pont et vont au café de la Meuse, chez la belle *Ernestine* ; chez les demoiselles *Simon*, rue du Luxembourg ; chez la veuve *Binet*, à l'*Arbre vert*, chez *Arthus*, et les plus noctambules finissent la tournée le long du quai du fort de Rome !

En une soirée on peut connaître les deux Givet de fond en comble, y compris les établissements de marque comme le *café Landragin* (réservé à MM. les officiers), le *café Richard* qui n'en finit pas en longueur, le *café du Commerce*, rue des Récollets, le café Bertrand, à la *Botte d'or*, en face Dumont, près du petit quartier, où l'on débitait de la bière blonde supérieure.

Givet a de beaux brins de filles, des brunes aux yeux noirs ; on voit que l'Espagnol a passé par là ! Et le lendemain plus d'un moblot sedanais a trouvé chaussure à son pied ! Honni soit qui mal y pense !...

****

On nous équipe à la diable avec des pantalons gris à bande rouge fournis, je crois, par la maison Jeanteur et Cie, de Sedan, une blouse bleue en toile d'emballage avec deux croix rouges sur les manches, une ceinture de flanelle grande comme une brassière de gosse et un képi lilliputien. C'est tout à fait coquet !

Et le brave maréchal Lebœuf avait dit à la tribune qu'il ne manquait pas un bouton de guêtre !

On nous case au petit quartier ; on nous arme de tabatières à l'arsenal de Charlemont ; on nous donne un sac, une musette, un bidon, un gobelet et nous voilà prêts à courir à l'ennemi après une dizaine de jours d'exercices sur l'Esplanade, où manœuvrent les cavaliers du 3me lanciers et le 40me de ligne où ont été incorporés, Rigaud dit Philosophe, Laurent, associé de M. Off, fabricant, Royer, ferblantier, Soupault et d'autres.

Des moblots demandent à s'engager dans l'armée active ; ils vont trouver le commandant Desrousseau de Médrano dit « la Goutte » qui s'y refuse. Les moblots dont je faisais partie vont sans permission au bureau de recrutement de Mézières, où on les reçoit comme des chiens dans un jeu de quilles, mais on nous apprend que notre bataillon est enregimenté et qu'il faut réintégrer le casernement. Nous nous y étions pris trop tard.

Une nuit, branle-bas de combat, on bat la générale — nous logions chez l'habitant, le petit quartier étant d'une insalubrité notoire — on nous réunit sur l'Esplanade, où se trouvent déjà notre capitaine M. Stackler, nos officiers MM. Eugène Ronnet et Block, le sergent-major Jules Gillet qui fait rouler ses tonnerres de dieu, en attrapant les retardataires, le sergent Millon, de Floing, qui deviendra adjudant à la compagnie franche, le sergent Taveneaux, de Remilly, mort depuis ; le pied-de-banc Cartigny, les cabots récemment nommés ; l'adjudant-major Lebeau — un vieux gendarme des colonies et originaire de Signy-le-Petit — arrive en tirant la jambe et les premiers rayons du soleil éclairent sa face rubiconde et son nez sillonné de petites veines rouges.

Soudain, on voit s'amener sur un cheval blanc le commandant de place Dévoluet, suivi de son ordonnance ; le commandant est grand, sec et nous rappelle quelque peu la silhouette du héros de Cervantès.

Le commandant La Goutte fait des moulinets avec sa canne — un jonc mâle à pomme d'or — et dit qu'on rossera le Prussien à coups de bâton (*sic*).

Les moblots se pouffent de rire quand le commandant de place donne le signal du départ.

Si la mémoire m'est fidèle, on passe par Rancennes pour aller à Fromelennes.

Mais la nuit suivante des farceurs envoyèrent Bailly et Jazeron monter la garde au pied de la statue de Méhul où ils droguèrent jusqu'au matin en attendant qu'on vint les relever !

Le service laissant beaucoup de loisirs, nous allons presque chaque soir à la Maison blanche, en Belgique, où les amateurs de péquet absorbent des *gendarmes* à la régalade.

On mange en ville et le gouvernement accorde à chaquo homme 50 à 75 centimes en dehors de la boule de son.

Et chez Arthus, par exemple, on fait deux repas plantureux pour 60 centimes par jour.

J'attrape pour quelques jours une sorte d'emploi sinécure au bureau du commandant de place, ce qui me permet de dévorer tout Paul de Kock et de fumer des kyrielles de bouffardes en taillant des bavettes avec les bonnes de Mme la commandante en villégiature au delà de la frontière. — A ce moment, les Givetois s'attendent à une attaque, la garde nationale sédentaire composée d'artilleurs mes chers frères, s'entraine pour le grand coup sous les ordres des capitaines Bernet et Linglet, des lieutenants Julien, Parent, James, Fagne, Doyen-Davaux, Monsour de Richemont, Dubois-Dupront et Fenaux (Stanislas).

On termine les travaux de défense au fort de Charlemont et l'on déblaie les ruines du Mont d'Haurs. Voilà qui était bien un signe de l'esprit routinier des vieilles culottes de peau de l'époque. La batterie de la garde nationale procède à l'ins-

tallation des canons tandis qu'on instruit les huit
cents recrues du 40ᵐᵉ (des Bretons bretonnant
avec leur large chapeau et leurs longs cheveux
bouclés) et les moblots qui manœuvrent avec
entrain.

Givet offre une belle animation et *l'Echo*,
journal de Choppin, écrit le 21 août : « L'élan
patriotique grandit chaque jour dans nos provinces
de l'Est. De tous côtés les gardes nationales
s'organisent ; on forme une division de 9,000
douaniers et la capitainerie de Givet en fournit
29 pour sa part avec M. Magné, inspecteur,
nommé chef de bataillon ; les corps de francs-
tireurs se multiplient, les volontaires partent pour
la frontière ; en un mot partout, la population se
lève, l'armée est frémissante d'enthousiasme.... »

Et le soir nous chantions à tue-tête le *Chant du
Départ*, près de Méhul, ou le *Rhin allemand*, de
Musset, en réponse à la chanson du lourd poète
Becker.

Le 1ᵉʳ septembre dans la matinée, nous sommes
au champ de tir : le gros Baudy blague avec
Grippoix et Lallemand, de Bazeilles, tandis que
le petit chien noir d'Amour semble inquiet ; ce
chien qui a fait la campagne d'Italie, avec un
officier, a déjà entendu la canonnade ; il parait
écouter comme nous des détonations qui se
succèdent dans le lointain, du côté de Mézières.
Notre capitaine met l'oreille contre terre et nous
annonce qu'on se bat dans la direction de Sedan.

Quelques-uns croient qu'on bombarde Mézières,
mais bientôt on sait par dépêche qu'on s'est battu
la veille et qu'on a continué le 1ᵉʳ septembre.

En gare de Givet, des wagons chargés de pain
encombrent les voies ; ces pains destinés à l'armée
de Mac-Mahon n'ont pu lui arriver à temps ; ils
sont moisis ; on en donne à la garnison qui n'en
veut pas naturellement ; on murmure ; on déplore
l'incurie de l'intendance, on questionne les évadés
de Sedan ; les cantinières, les musiques de zouaves
et d'autres régiments, des cavaliers arrivent par

la porte de Luxembourg et sont immédiatement conduits à la place où on les interroge avant de les diriger vers le manège dit des *Isolés*.

Beaucoup de ces échappés peu dignes d'intérêt nous semblent être la tourbe de l'armée ; ce sont les fuyards, les lâches de la débâcle.

Le lendemain cependant de braves artilleurs et des cavaliers qui ont pu franchir les lignes ennemies arrivent à leur tour : ceux-là se sont battus et l'un d'eux, un enfant de Givet — qui demeurait en face de la librairie Vasnier, près du boulanger Michelet, au nez fleuri, — s'est échappé avec sa pièce !

Les nouvelles de la catastrophe de Sedan sont transmises plus ou moins fidèlement par *l'Etoile belge* — ce journal n'était guère favorable aux vaincus !

Nos pauvres moblots de l'arrondissement de Sedan sont plongés dans la consternation quand ils reconnaissent près de la caserne la famille du petit Mineur, messager à Bazeilles, suivie de Sibeau, le chien de chasse d'un propriétaire de la rue d'En-Bas.

Les malheureux racontent le drame épouvantable de Bazeilles, et chacun jure de venger ce crime perpétré de sang-froid par les hordes bavaroises !

Le 4, on proclame la déchéance de l'Empire et la République succède au régime de l'homme sinistre qui, le même jour, à six heures et demie du matin, quittait l'hôtel Chédron, à Bouillon, pour gagner Libramont, Verviers et l'Allemagne.

On savait que l'empereur avait mis près de dix heures pour aller du château de Bellevue à la frontière franco-belge !

Le 5, proclamation de la République à Givet ; le commandant de place me charge d'accompagner le tambour de ville à Charlemont où l'adjudant lit le décret.

Un formidable cri de : *Vive la République !* fait tressaillir les échos d'alentour et la vieille tour d'Agimont répète le vivat aux montagnes de Dinant et de Namur.

On reprend cœur au ventre quand le 7 on affiche la proclamation du gouvernement provisoire à l'armée.

La proclamation que j'ai conservée commence ainsi :

A L'ARMÉE.

« Quand un général a compromis son commandement, on le lui enlève.

« Quand un gouvernement a mis en péril, par ses fautes, le salut de la patrie, on le destitue.

« C'est ce que la France vient de faire. En abolissant la dynastie, qui est responsable de nos malheurs, elle a accompli d'abord à la face du monde, un grand acte de justice.

« Elle a exécuté l'arrêt que toutes vos consciences avaient rendu..

« Soldats ! en acceptant le pouvoir dans la crise formidable que nous traversons nous n'avons pas fait œuvre de parti.

« Nous n'avons qu'un but, qu'une volonté : le salut de la patrie par l'armée et par là nation, groupés autour du glorieux symbole qui fit reculer l'Europe il y a quatre-vingts ans.

« Aujourd'hui comme alors le nom de la République veut dire :

« Union intime de l'armée et du peuple pour la défense de la patrie ! »

Cet appel était signé : Général Trochu, E. Arago, Crémieux, J. Favre, J. Ferry, Gambetta, Garnier-Pagès, Glais-Bizoin, Pelletan, E. Picard, Rochefort, J. Simon.

C'est-à-dire de ceux qui avaient prévu la catastrophe, quand, le 19 avril 1870, ils s'adressaient au peuple français en disant que voter *oui*, c'était la guerre...

Les pauvres Bazeillais qui avaient voté comme un seul homme — ont payé cher ce vote fatal !

Le 5 septembre meurt au château de Beauraing, chez le comte d'Ossuna, le brave général Margueritte, le héros de la charge immortelle de Floing.

L'inhumation a lieu le 6 avec les honneurs militaires, qui lui ont été rendus par l'armée belge en présence de toute la population de Beauraing. Deux discours ont été prononcés sur la tombe du glorieux enfant de la terre lorraine, l'un par l'aide-de-camp du général, et l'autre par un général belge.

Ces discours ont vivement attendri l'assistance ; tout le monde versait des larmes.

Ce fut aussi un deuil pour la population et la garnison de Givet.

Nous partons à quelques-uns de la 8me pour aller visiter le champ de bataille de Sedan. Avec nous prennent le train une centaine de moblots de la 7me, capitaine Lion.

Au retour de ce voyage, accompli sans permission, on fait connaissance avec la *boîte* et l'aimable *Jules* que vous savez.

- Huit jours étendus à l'aise sur le lit de camp à voir balancer la planche à pain ou les araignées tisser leur toile, on a le temps de ruminer. Tandis que Dodolphe Mozet, Guichard, fils d'un ancien portier-consigne, Malicet, ex-propriétaire de l'hôtel Bayard, à Mézières, et d'autres font des cents de piquet, je crayonne les premiers quatrains qui commenceront plus tard la plaquette de vers intitulée : *Chants et Chansons*, avec préface de Léon Séché, le poète breton, très connu dans le monde des lettres.

Je rime aussi sur les *cafés de Sedan* et ceux de Givet.

A la sortie du clou on édite les *cafés de Sedan*, chez Choppin : Honoré Laroche fait l'autographie et Mozaïve met un dessin original en tête de la chanson. Tous les moblots l'achètent et la chantent.

Le 11 septembre, le colonel Dévoluet passe une grande revue de la garnison ; il est accompagné du maire de Givet et des officiers supérieurs.

L'Esplanade, encadrée par le fort de Rome, les assises de Charlemont, l'ancienne église des Récollets (où Méhul sentit se révéler sa vocation) et les

magasins militaires, n'a pas assez d'étendue pour
le développement de la brigade nationale seden-
taire (artillerie et infanterie) de la garde mobile
et de la troupe active (cavaliers et fantassins),
tous les corps sont rangés sur une double ligne
dans la rue Royale.

Le défilé a lieu avec beaucoup d'ordre. Le
nombre d'hommes présents sous les armes à cette
revue peut donner une juste idée des forces de
Givet en cas d'une attaque qui ne viendra pas.

A propos du pain moisi, *l'Echo* de Givet écrivait
le 18 septembre :

« Il serait vraiment curieux de connaître le
nombre de rations de pain moisi qui ont été
refoulées sur notre place. Pendant plusieurs jours,
des tombereaux et d'énormes chariots attelés de
quatre chevaux ont circulé parmi nos rues, avec
un complet chargement de ce pain qui n'avait pu
parvenir à nos troupes, auxquelles il était destiné. »

Parfois quand nous allons à Herr en gravissant
le sentier qui surplombe la Meuse, nous apercevons
de sinistres épaves d'animaux morts provenant du
champ de bataille de Sedan.

Un ordre de la place ordonne l'abatage des
arbres des glacis des deux Givet et des jardins
qui se trouvent dans la zone militaire jusqu'à la
frontière. Destruction tout à fait inutile !

Le génie malfaisant — comme on disait alors
— fait inonder les fossés du Petit-Givet par les
eaux de la Houille.

Nous montons souvent la garde à la porte de
Luxembourg et un dimanche comme on dansait
dans une guinguette sise près des remparts, en
face le canon *Victor Hugo* que j'étais en train de
garder, tout le poste fut pris en défaut par une
patrouille de la garde sédentaire.

L'officier, bon zigue, grommela, mais ne dit
rien à la Place !...

*
* *

Voici un récit en vers de cette garde mémorable,
lequel date de l'année 1875 ; nous le publions
ne varietur :

La nuit était très sombre et le Mont d'Haurs aux nues
Unissait son front gris. Des montagnes chenues
Grandissaient en fuyant. L'eau minait les remparts ;
Les fossés étaient pleins comme au temps des soudards...
Et sur ce miroir triste aux méandres perfides
Le vent du Nord frisait, sous son aile, des rides.
Des oiseaux lourds, déjà, près des chauves-souris
A chacun de nos pas répondaient par des cris ;
Et le sonore écho, âme de tes murailles,
O vieux fort, ébranlait leurs fragiles rocailles !...
En faction l'on songe, on pense tout du moins
Quand on a son fusil, un canon pour témoins,
Deux heures sans frémir, surtout en temps de guerre ?
Mais, faut-il l'avouer, là, nous ne songions guère
Aux Prussiens, la nuit ; — notre pensée ailleurs
Volait comme l'abeille amoureuse des fleurs...
Le pays des beaux jours, des sourires, des joies
Seul nous apparaissait et ses splendides voies
En lumineux rayons doraient le voile noir,
Comme l'éclair ouvrant les nuages du soir...

Tout dormait dans Givet, et près de cette porte
On eut cru franchement la ville presque morte !...
Reverbères éteints ; pas une étoile aux cieux ;
Les ténèbres roulaient froides devant nos yeux,
Leur tenture infinie où les rouges prunelles
Des hibous se posaient devant les sentinelles...
Quelques chats miaulant au faîte des maisons,
Commençaient leur concert quand soudain des chansons
Eclatèrent au son d'une étrange musique,
En chassant loin Morphée et son pavot classique...
On dansait et fêtait le bon roi Cambrinus
Dans un bouge éclairé donnant sur les talus.
Pas de rideaux, fi donc !... Encor moins de persiennes !
Les couples de danseurs dans des rondes païennes
Passaient en s'enchaînant légers et furibonds,
Se tordant, s'élançant, en faisant mille bonds
Et des poses, je crois, fort peu chorégraphiques !...
Les rires, la gaîté folle aux accents bachiques
S'élevaient crescendo dans les airs ébranlés,
Par l'infernal CHAHUT où violons râclés
Et trombones en chœur écrasaient une flûte
Pulmonique. Harmonie ! au milieu de la lutte,
Que faisaient tes accords ? — En vain les murs tremblants,
Les échos tourmentés, les planchers oscillants
N'arrêtaient dans leurs sauts — de monstre qui se cabre, —
Ces danseurs effrénés que la danse macabre
D'Holbein n'eut pas surpris.........................
....

Ce ne fut pas la fin,
Comme pourrait le croire un lecteur débonnaire
Qui ne connaît l'amour qu'en son dictionnaire ;
Nos moblots, toujours prêts à rire au bon moment,
Fléchirent on ne sait devant quel argument !
Mais bientôt déposant leurs lourdes tabatières
Ils s'élançaient ayant aux bras des cavalières,
Tandis que le sergot, depuis on ne sait quand
Ronflait à poings fermés sur le dur lit de camp !
. . . .
. . . .

Mais survint une ronde... et cela ne rit pas ;
Une ronde de nuit ! un poste sans soldats !
L'officier par bonheur n'était pas de la ligne
Et quoi que très fâché se tut, car la consigne
En ce cas est sévère : on en fut pour la peur...
Le sergent réveillé, pour bannir sa torpeur,
Siffla toute la nuit, près du poêle très sombre,
Des motifs d'opéras jusqu'à l'heure où dans l'ombre
Un point blanc apparut : l'Aurore au col d'argent
S'empourpra ; puis le jour, que jamais le RÉGENT
Ni diamants plus purs n'éclipseront, limpide,
A l'horizon pointa dans sa course splendide !...
Et le Petit-Givet dans les flots du soleil
Se baignait tout joyeux, saluant ce réveil ;
Ses fabriques marchaient ; ses belles tanneries
Près des bassins brumeux charmaient nos rêveries.
Ses maisons, ses hôtels et ses larges quartiers
Tracés presqu'au cordeau, comme des peupliers !
A l'abri du Mont d'Haurs... Et la blonde fumée
En plumets s'échappait de chaque cheminée ?
Et le bouchon d'auberge où le genet roussi
Semble dire au passant : *On vend à boire ici !*
Tout soudain s'éveillait et plus d'une mansarde
Nous plaisait ce matin devant le corps de garde !
. . . .

Rien n'est triste, ni sombre ; on sourit très galant
(En aspirant l'odeur d'un pseudo-Maryland)
A la belle qui passe, aux charmantes laitières
Et voire même encore aux alertes pipières
Qui viennent de Belgique ; on leur cause et l'on rit !
L'un tourne un calembour avec assez d'esprit
L'autre fredonne ou rime et c'est le temps qu'on tue
Jusqu'à l'heure où l'on voit arriver dans la rue
L'autre garde montante !. . . . .
. . . .

**

On forme la garde nationale mobilisée que

commanderont notre compatriote Lesseline (Alexis-Auguste-Marie), décoré après la campagne ; M. Rouvairolis de Rigaut, un Givetois, et Fissiau (Paul-François).

La variole noire sévit et fait beaucoup de victimes dans les ambulances Estivant, à la salle Méhul et à l'hôpital militaire.

Les moblots portent les morts au champ de repos et sont obligés parfois d'aider le fossoyeur du Grand-Givet qui ne suffit pas à la peine !

Cette corvée nous rappelle une scène d'Hamlet

Une lettre de Sedan nous apprend que notre ville est en état de siège.

Pour chaque arme découverte chez l'habitant, la mairie, dit l'ordre du commandant de place, de Knobelsdorf, paiera des amendes variant de 200 à 500 francs.

Une fausse alerte fait craindre une attaque de Givet ; en date du 5 octobre, le colonel Devoluet rappelle que les factionnaires du Mont d'Haurs ont ordre de tirer à balles sur tout individu qui, une demi-heure après le coucher du soleil, essaiera de monter ou de descendre contre les escarpements.

A ce moment *l'Echo de Givet* publiait ce qui suit sans doute pour rassurer la population locale :

« Un renseignement particulier, mais digne de toute confiance, nous permet de croire que Givet ne subira pas les épreuves d'un siège. Un officier supérieur de l'armée prussienne à Sedan l'a affirmé à une personne influente d'Audenarde, et en a donné pour raisons les difficultés presqu'insurmontables de la route pour un matériel de siège, l'impossibilité d'investir la place du côté de la Belgique, et enfin l'inutilité du résultat... »

Raison de plus pour ne pas détruire les villas sises *extra muros*.

Il nous rappelle des gardes montées au Mont d'Haurs par les brouillards d'octobre ; rien n'était long comme une nuit passée là-haut.

Les chouettes et autres rapaces nocturnes nous

passaient par dessus la tête et c'était avec une réelle satisfaction qu'on voyait vers le matin le soleil dissiper la brume.

Du Mont d'Haurs on jouit d'une vue superbe des deux Givet, et le regard se porte au loin dans la direction de Dinant, de Beuraing et de Philippeville.

Au pied du fort, entre la tour dont Victor Hugo parle dans *le Rhin* et la rivière la Houille où se plaît la truite, le Petit-Givet avec ses tanneries, ses fabriques de pipes et de crayons offre un beau coup d'œil . . . .

**

Mes amis et lecteurs me permettront cette citation d'une poésie intitulée : *Au Mont d'Haurs* et rapportée à Sedan au fond de ma musette :

Souvenirs de Givet.

Te souvient-il, ami, quand nous montions la garde
Sur les pics du Mont d'Haurs, n'ayant pour tout manteau
Qu'une blouse légère et des croix dont je garde
Toujours un souvenir : ah ! quel joli tableau !

Au milieu du brouillard, le fusil sur l'épaule,
Ah ! que nous marquions bien sans tente, en faction,
Par le vent, par le froid, en vrai fils de la Gaule ;
Pas un ne se plaignait de la position.

Le bivouac parfois a des charmes sans nombre ;
A part le confortable on y peut trouver tout.
Le bois vert en brûlant étincelait dans l'ombre ;
Près du pâle foyer on se pressait partout.

Les blagues, les bons mots, les contes fantastiques
Pleuvaient comme la grêle et chassaient le repos ;
Quelques-uns d'entre-nous de leurs pas gymnastiques
Réveillaient les vieux forts et leurs tristes échos !

Quelques moblots pensifs songeaient à leur famille
Où les nuits s'écoulaient dans la tranquillité ;
Mais jamais une plainte, et peut-être un sur mille
Des nôtres n'eut jamais paru l'air attristé.

Les heures se suivaient. La nuit longue et brumeuse,
Nous semble passer vite, et quand vers l'Orient,
Le splendide soleil, de sa face amoureuse,
Venait nous caresser : quel bonjour souriant !

Chacun chantait joyeux, on fumait une pipe,
L'entrain était superbe, et bientôt le piquet
Redescendait en ville où toujours par principe
On ne se quittait pas sans prendre son péquet.
. . . .

*
* *

En octobre, l'adresse suivante signée par tous les habitants de la ville de Givet et Charlemont, était envoyée à *Messieurs les Membres de la Commission de la Défense nationale* :

Messieurs,

La catastrophe de Sedan avait atterré la France ; il semblait que nous n'eussions plus qu'à nous agenouiller devant nos vainqueurs.

Vous avez paru !

Grâce à votre activité et à votre énergie, Paris est rendu inexpugnable ; partout s'organise la Défense nationale ; les esprits se rassurent, et déjà la confiance renait sous l'élan que vous avez su inspirer, les forces inépuisables de la France se réunissent et forment de nouvelles armées qui montreront à nos ennemis que notre pays ne peut déchoir du rang qu'il a toujours justement occupé.

Honneur à vous !

Persévérez dans la noble tâche que vous avez entreprise !

Que nos adversaires le sachent bien, dans la paix comme dans la guerre, l'adhésion complète de la nation vous est assurée.

Courage donc ! La France, le monde entier vous admire et acclame à vos efforts.

Les habitants de la ville de Givet.

Au même moment, un poète givetois qui signe *un soldat* fait paraître une poésie sur la *Liberté*.

Voici une strophe que j'ai conservée :

> Debout ! Quand la force domine,
> Jamais un peuple ne s'incline
> Devant les oppresseurs de la Fraternité.
> Enfants, souvenez-vous que l'ange des batailles,
> N'a pas à tout jamais tinté mes funérailles ;
> Soldats ! je suis la Liberté !

Le 23 octobre, *l'Etoile belge* — toujours avide de nouvelles à sensation — nous apprend que le bombardement de Mézières a commencé à trois heures du matin ; c'était s'y prendre un peu tôt, c'est-à-dire neuf semaines à l'avance ! *L'Etoile belge* n'a jamais ravalé ce canard phénoménal !

Le 9 octobre, 400 recrues du 40me de ligne étaient parties, à destination d'Alençon, rejoindre les éléments de la défense nationale.

Le 40me de ligne avait 800 hommes de la classe 1869 à Sedan, où ils étaient arrivés juste pour les désastreuses journées, si puissamment dépeintes par notre maître Emile Zola. Les officiers furent internés à Darmstadt. Le régiment était à Sarrebruck, à Forbach, à Reischoffen et à Gravelotte.

Le 16 du même mois, étant en promenade à Agimont, je vois passer un ballon dont la nacelle emporte quatre voyageurs ; l'aréostat vient atterrir à Ivoir, avec 40 kilogrammes de dépêches venant de Paris et à destination de Lille.

Les moblots de Sedan adressent leurs correspondances *viâ* Belgique à destination de Bouillon.

La ville offre de plus en plus d'animation. Vers la fin du mois d'octobre, les engagés arrivent à tous les trains, de même que des francs-tireurs, des mobilisés et aussi jusqu'à des étrangers qui passent dans la légion étrangère.

Durant les journées ensoleillées, les blessés militaires qui peuvent sortir se promènent à travers les rues. Toutes les armes sont représentées : turcos, zouaves, infanterie de marine, tirailleurs algériens, artillerie, chasseurs d'Afrique, la garde, les cuirassiers, le train, l'infirmerie, etc. On fraternise avec ces braves qui reçoivent partout un accueil sympathique ; ils ne manquent de rien, comme bien l'on pense, et le plus pauvre moblot y va de son bon de tabac.

Un patriote publie cet *Appel aux armes*, signé F. Carbonne :

> Ardennais, vous souffrez les Prussiens à vos portes,
> Quand vous pouvez former de vaillantes cohortes
> Qui les repousseraient loin de notre pays ;
> Mais non ! vous demeurez inactifs et soumis......
> Eh quoi ! vous hésitez à cette heure suprême,
> Le sang de nos Français n'est-il donc plus le même ?
> Je ne puis en douter — vous êtes valeureux :
> Montrez que vous valez vos illustres aïeux !
> Le pays est en deuil, les familles en larmes,
> Il faut venger les morts.... Allons, debout, aux armes !
> Chasseurs qui connaissez de vos bois les sentiers,
> Guidez nos francs-tireurs à travers les halliers.
> Franchissez les ravins, les fossés pleins d'eau vive,
> Surprenez les uhlans, comme on surprend les grives. —
> Soldats, à vos fusils ! moissonneurs à vos faulx !
> Et vous, rudes bouchers, aiguisez vos couteaux ;
> Forgerons, faites-vous des piques et des fourches ;
> Frappez tous sans merci, sur ces hordes farouches ;
> Montez dans les clochers : là, que le toscin sonne,
> Que la peau des tambours lugubrement résonne.
> Harcelez ces brigands qui brûlent nos villages ;
> Faites-leur expier tant de sanglants outrages....
> Frappez ! frappez toujours ! l'heure de la vengeance
> A sonné. Mourons tous, oui, mais sauvons la France.

Cet appel est entendu, mais il avait été devancé par la formation d'un corps franc des tireurs des cantons de Givet et de Fumay, sous la direction de M. Fromentin, de Fromelennes.

Ce corps de francs-tireurs était destiné à défendre les passages de la Meuse entre Monthermé et Givet, c'est-à-dire les thermopyles des Ardennes.

Fin octobre, on parle de notre prochain départ. Il n'est vraiment pas trop tôt, car on se fait vieux au pied de Charlemont, où l'on vit à peu près comme des coqs en pâte, toujours logés chez l'habitant.

Les moblots de Sedan ont fait de nombreux amis et connaissances à Givet et l'on sait par cœur les curieuses enseignes de Givet-Notre-Dame et de Givet-Saint-Hilaire, y compris le caboulot du quai où l'on mange la friture ou le poisson confit.

Les jours de repos, on va au *trou de Nichet* à Fromelennes, on va à Chooz, puis aux *ruines du château d'Hierges*, à la *maison blanche*, à la tour de puissant comte d'Agimont et autres lieux ; en bourgeois, on pousse une pointe jusqu'à Hastières, Dinant et Namur, où des familles ardennaises se sont réfugiées. On tue le temps comme on peut, en absorbant la bière brune ou blonde, en allant aux kermesses, en jouant aux balles, en battant le pavé inégal de la rue de Luxembourg et celui encore plus raboteux de la rue des Récollets.

A propos des *ruines du château d'Hierges*, nous pensons devoir reproduire encore à titre de souvenir la ballade ci-dessous publiée en mai 1876 dans *l'Echo de Givet* :

En voyant par un soir les ruines d'Hierges,
    J'ai rêvé du charmant château
De sa riche chapelle où brillaient de hauts cierges
    Aux rayons dorant le côteau...

J'ai rêvé du manoir où varlets, hommes d'armes
    Et serfs du comte Mannassès
S'exerçaient, haletants, excités par les larmes
    Que tant de chrétiens menacés

Arrachaient aux seigneurs, à leurs pâles épouses...
    Le saint sépulcre était aux mains
Du farouche islamisme ; et provinces jalouses
    Faisaient des efforts surhumains

Pour grossir à l'envi les rangs de la croisade.
    Godfroy, paladin de Bouillon,
Déployait sa bannière... Et des chants de bravade,
    Vers l'aurore au brillant sillon,

Montaient du froid castel et du saint monastère.
    Hymne, prière ou bruits stridents,
Se mêlaient aux longs pleurs quand le seigneur austère
    Emmenait ses croisés ardents.

J'ai rêvé de ce temps que nous chanta Le Tasse,
    Laissant errer son luth puissant
Aux rives du Bosphore, aux vieux champs de la Thrace
    Où dominait l'arc du croissant.

J'ai rêvé de combats et de luttes lointaines,
        Fouillant l'histoire et son chaos,
En écoutant le barde offrant aux châtelaines
        Des bouts rimés et des échos...

J'ai suivi sur la Meuse et bateaux et nacelles
        Chargés du bois de ces forêts
Qui se mirent toujours du haut de leurs aisselles,
        De rochers géants, pleins d'attraits...

J'ai vu de loin en loin sur les côtes livides
        Le feu noircir les coteaux verts,
Et le château rougir sur ses bases solides
        Que brûlait un duc de Nevers.

C'était le temps fameux où d'estoc et de taille
        Luttaient les braves chevaliers,
Se présentant de front toujours dans la bataille,
        Dédaignant l'abri des halliers,

Ecoutant du héraut la sonore trompette ;
        Mourant près de leurs écussons
Pour une gente dame ; et craignant la tempête
        Où l'oiseau noir sur les houssons...

C'était le bon vieux temps où sur Jacques bonhomme
        Se prélevaient les lourds impôts ;
Où le peuple suait comme bête de somme
        Toujours sans trève, ni repos...

Où la guerre donnait au plus fort la richesse,
        Quand pour éclairer son chemin
Le soudard allumait le cloître d'une abbesse
        Ou le château de son voisin.

Et le moine en silence au fond de sa cellule
        Enluminait ses manuscrits ;
Compilant, transcrivant sans crainte qu'on annule
        Ses in-folio lourds et gris.

Quand le duc d'Aremberg releva tes murailles,
        Et qu'au-dessus du fleuve on vit
Ta superbe façade, où d'invisibles mailles
        Unirent tes vitraux ; la nuit

Laissa courir la lune émergeant tout son disque
        Entre les tours ou les meneaux,
Où maintenant le pâtre avec peine se risque
        Comme le vieillard des tombeaux !

Si tu brilles encore, ô beau château d'Hierges,
        Si toujours on aime à te voir,
Si l'âme du rêveur et les cœurs encor vierges
        Adorent parfois ton manoir...

Tu le dois à cet astre, à ses rayons superbes
Qui damasquinent avec art,
Laissant sur toi tomber leurs lumineuses gerbes
Comme un long et rouge brocart...

Tu le dois à la nuit qui cache tes blessures
Et laisse dans l'ombre ternir
Le fard qui couvre trop ces étranges masures
Qu'un jour sombre a pu dégarnir.

De tout on se lasse et en vérité si Givet est agréable en été avec ses environs pittoresques, les journées y sont longues comme les nuits polaires quand reviennent les brumes automnales et qu'on n'a pas encore de feu au corps de garde.

Bref, pour abréger ce récit d'impressions vécues et que nous écourtons à regret, un beau matin on dit adieu à Givet, et notre bataillon quitte la ville par la Porte de France pour gagner Fumay, Rocroi et Anor (Nord) et la colonne volante de Cambrai.

Presque tout Givet : hommes, femmes, filles et enfants ont fait la conduite aux moblots ardennais et en particulier à ceux de Sedan qui n'ont pas oublié et n'oublieront jamais la sympathique population de la cité de Méhul, devenue ville ouverte comme Sedan et Mézières.

Notre séjour à Givet restera dans les souvenirs de l'*année terrible*, où si nous avons eu des journées à marquer à la pierre noire, il y a eu aussi de bonnes heures qui demeurent présentes à l'esprit et réjouissent le cœur de tous comme de celui qui écrit ces lignes.

II

De Givet, nous prenons la route nationale ; nous saluons une dernière fois Hierges, en face Aubrives et le bois Charmet ; la grand'halte à lieu à Vireux-Molhain.

Après, nous apercevons les bois de l'hospice d'Harscam, en face Montigny-sur-Meuse et avant Fumay, où nous gitons chez de braves ouvriers ardoisiers.

Sur la place, on distribue quelques-unes des capottes bleues d'infanterie sans boutons. Force est de faire coudre des boutons... qui n'ont rien de militaire, puisqu'ils sont en corne de cerf !...

Dans l'impossible nul n'est tenu. Nous avons fait connaissance avec le patois de Fumay et l'excellente bière du pays dans des estaminets, où il faut grimper comme à l'assaut !...

De Fumay à Rocroi, rien d'anormal. Après une autre étape à Signy, on gagne Anor où l'on séjournera une quinzaine de jours, le temps de fréquenter *le café Lempereur*, près de l'église, celui *des Cracqueurs* et nous allons visiter Fourmies, ville boueuse où il faut des échasses à la saison pluvieuse, et pour nous dégourdir les jambes, on va en excursion jusqu'à Maubert-Fontaine ; une étape très dure par le verglas !...

A Maubert-Fontaine, où l'on devait prendre deux canons... qui n'y étaient pas, on licencie les douaniers belligérants et l'on s'explique difficilement cette course tout à fait inutile.

A Vervins, on parle encore de la célèbre *affaire de Coquibus* et il me reste le souvenir du froid tout à fait sibérien qui gelait l'eau-de-vie dans les bidons, le pain et la viande dans les voitures.

Je ne puis détailler toutes les marches et contre-marches, les alertes et fausses alertes et les moindres incidents de bivouac !

Cependant je vais reproduire divers articles ayant trait à notre campagne de 1870-1871 et qui ont paru dans *le Petit Ardennais*.

Le premier date du 31 décembre 1892 et il est intitulé : *Un Souvenir de 1870-1871*.

Le voici :

L'hiver, qui a commencé officiellement le soir du réveillon en l'an de grâce qui achève sa carrière, n'est que de la Saint-Jean en comparaison de celui que nous avons subi en 1870-1871.

Ceux qui étaient soldats à cette époque se rappellent que l'hiver de la guerre fut tout à fait rigoureux ; la neige tombait déjà dans la deuxième quinzaine d'octobre et en décembre il gelait à fendre les Dames-de-Meuse, la Roche-à-Bayard, la base rocheuse du mont Olympe et les assises de marbre de l'orgueilleux fort de Charlemont.

Mais nous étions déjà loin de nos chères Ardennes — loin n'est pas précisément le mot — mais nous étions en train de pérégriner dans le département du Nord ou dans le département de l'Aisne.

Chaque jour on dévorait des kilomètres au milieu d'une nature morte — ce qui nous a dégoûté à jamais de cette manière de faire de certains maîtres de l'art pictural moderne. Chaque matin on partait au petit jour, parfois même longtemps avant, et l'on se dirigeait où bon semblait au général commandant la colonne.

Mais combien a-t-on fait, à cette époque, de chemin inutile, en marches et contre-marches auxquelles ceux qui nous conduisaient finissaient par ne plus rien comprendre.

Mais combien, quand même, on marchait de bon cœur, toujours avec l'espoir de vaincre !

***

Nous marchions ainsi depuis des semaines à travers des plaines blanches qui succédaient à d'autres plaines çà et là coupées de canaux gelés, de rivières aux saules ébouriffés, de ruisseaux qui avaient cessé de murmurer et qui semblaient une coulée de métal.

***

Nous marchions en traversant parfois des communes d'une monotomie désespérante où la culture et la sucrerie ayant cessé de fonctionner — faute de bras solides — la vie normale existait à peine.

Ces maisons, ces cheminées d'usines, ces clochers mal plantés, ces pâturages clos, ces fours à briques, ces bâtiments inachevés aux abords des faubourgs ne disaient rien qui vaille.

On logeait dans les granges mal closes, dans des greniers où les souris crient famine et où les volets se ferment avec un vacarme infernal tandis que la bise soulève les tuiles noircies et fait grincer les girouettes.

On allait, on allait toujours, parfois bien, parfois mal ; peu importe du moment où l'on n'avait qu'un but, celui de faire le devoir qui incombait alors à tous les français de cœur.

***

L'ennui naquit un jour de l'uniformité, chacun sait çà !

Et à la longue ce ciel gris plombé, cette plaine d'un blanc qui aveugle, ces pauvres grands diables de peupliers qui ont des velléités de vouloir balayer

la nue, ces chaumières aux vitres que le froid
cisèle en artiste, ces haies élevées où les grives
poussent des cris désespérés, où les pauvres
verdiers ou bruants en gilet jaune fouillent à
coups de bec, où les corbeaux se reposent durant
le passage de la colonne, tout ce tableau forme un
vague et désespérant kaleidoscope qu'entrevoit à
peine le soldat qui regarde à ses pieds, mais que
remarque cependant celui qui pense !..........

*****

Tout à coup dans la soirée, un gai, très gai
carrillon sonne et tire les camarades de leur
torpeur !

On venait de la Croize et on nous apprend que
nous approchons de Cateau-Cambrésis, où existe
une industrie de textiles très florissante.

Le carillon continue à nous chatouiller le tym-
pan... C'est empoignant cette harmonie aérienne
de cloches qui se répondent comme des sœurs
amies !

Enfin nous arrivons au Cateau devant la statue
du général Mortier, et l'on sait seulement sur la
place que nous sommes le soir du 1er janvier !

En guerre les dates, les anniversaires, les fêtes
ne comptent plus !

Le calendrier — fut-il même dans la musette du
troupier ou sur le carnet de poche de l'officier —
n'est que peu ou point consulté.

A quoi bon la Saint-Martin des Bazeillais, la
Saint-Eloi des laboureurs et rudes forgerons de la
vallée de la Meuse !

A quoi bon les autres fêtes populaires qui se
succèdent en novembre et décembre puisque la vie
de famille n'existe plus et qu'elle est brisée en
temps de guerre !

A quoi bon l'exubérance sentimentale qui atten-
drit trop quand il faut ne songer qu'à se battre
c'est-à-dire à tuer pour ne pas l'être !

A quoi bon trop songer au passé quand le présent est plein d'inconnu et qu'il faut toute l'énergie possible pour supporter les fatigues, les privations et le reste !

. . . .

Au moment où ces idées peu réjouissantes mais empreintes d'un brutal réalisme nous taquinaient, on ignorait que les Allemands avaient écrasé Mézières sous les obus !

. . . .

On ne nous donna pas le temps de séjourner au Cateau car immédiatement—et pour nous remettre d'une marche forcée — on repartit dans la direction de Busigny.

Là on devait pincer des cavaliers ou fantassins Allemands — ces braves avaient quitté le pays pour y revenir le lendemain !!!

On retourna donc au Cateau où de garde cette nuit au poste de police on ne dormit pas une minute !

Je rêvai, en fumant sur le lit de camp, au pays des Ardennes où nous comptions tant de parents et d'amis.

Et chaque fois que de ce bon carillon du Cateau sonnaient les quarts, les demies et les heures, il me semblait entendre comme un écho lointain des cloches ardennaises et meusiennes qui ont bercé mes rêves d'enfant.

. . . .

Je me suis toujours souvenu de cette nuit du jour de l'an 1871.

***

Le deuxième article est intitulé : *Dans le Nord, en janvier 1871.*

Le 1ᵉʳ janvier au moment où les obus prussiens détruisaient la vieille cité de Bayard — et sans savoir au juste si nous étions au premier de l'an, n'ayant pas de calendrier en poche ! — nous quittions le village de la Croize pour nous rendre à Cateau-Cambresis.

Route mauvaise, sites en grisailles, plaines sans fin coupées çà et là de haies, de pâturages, champs nus prêchant la désolation, arbres givrés et secoués par la bise violente qui élaguait le bois mort, tout cela ne formait pas un ensemble réjouissant et la colonne marchait toujours !!...

Parfois les cloches des hameaux nous envoyaient un semblant de carillon, puis les corbeaux, par bandes serrées, tendaient dans la nue comme un voile de deuil, et tout redevenait d'une monotomie que ne rompaient pas toujours les chansons de route !

On fit halte au Cateau suffisamment pour saluer la statue du général Mortier et l'on partit pour Busigny à la recherche de uhlans et du régiment des dragons de la reine de Saxe !

Comme ceux-ci n'y étaient pas on rebroussa chemin ; ce manège absolument inutile fut renouvelé quatre ou cinq fois !! Dieu, quelle scie !... Enfin un beau matin, en retournant à Busigny, on fit mettre sac à terre, on entoura autant que possible la commune et l'on procéda dans chaque maison à une inspection de la cave au grenier ; les paysans, craignant les représailles se gardaient bien d'indiquer où se trouvaient cachés les cavaliers ennemis qui n'avaient pu fuir ?... On fit prisonniers quelques dragons qui ouvraient leurs porte-monnaie et demandaient grâce !!

Ces dragons là, étaient brouillés avec la bravoure et nous devions les revoir le même jour au moment où tout leur régiment fit mine de charger sur notre bataillon massé en bordure d'un bois ; on abattit quelques hommes dont un officier saxon qui commandait clairement en français : *en avant ! en avant !* en laissant de côté la langue d'outre-Rhin ; c'est là aussi que des brutes qui appartenaient à une bande connue sous le nom de *Zouaves du Nord* enlevèrent le cœur à deux cavaliers et l'un des soudards portait au bout de sa baïonnette, un mouchoir contenant cette épave sanglante ! il paraît que les cœurs furent mangés au Cateau. Cette scène d'anthropophagie aurait eu pour auteurs des quidams d'origine étrangère et qui s'étaient engagés, la plupart, pour vivre sur le compte du paysan !... Passons là-dessus !

*
* *

A Bohain, pays de tisserands, la colonne arriva à point un beau soir pour déloger l'ennemi assez nombreux qui s'y trouvait cantonné et qui dut même abandonner sur place le souper qu'on nous servit dans chaque maison hospitalière... Encore un que les Prussiens n'avaient pas eu !

Là, on lisait en hâte *l'Echo du Nord* relatant par dépêche de Bruxelles le récit du siège de Mézières, emprunté à *l'Etoile belge* (laquelle, en 1870-1871, ne fit pas plus preuve d'exactitude que d'impartialité dans ses récits télégraphiques) ; tous les Ardennais commentaient ce nouveau crime de l'ennemi qui ne devait pas « faire la guerre au peuple français ! »

L'empereur Guillaume avait menti.

De Bohain, la colonne volante de Cambrai, qui était cantonnée dans tout le pays, continua son chemin dans la direction de Saint-Quentin.

On commençait diablement à se fatiguer de ces marches et contre-marches en zigzags qui semblaient ne pas servir, mais qui en réalité avaient pour but de diviser les forces ennemies bien supérieures à celles de l'armée du Nord qu'on cherchait à dégager.

Parfois çà et là, sur les routes, on arrêtait des individus qui suivaient la colonne et qu'on supposait être des espions ; puis on assistait entre temps à une sorte de réunion de la Cour martiale jugeant les indisciplinés ou les soldats inculpés de pillage et de maraude ; puis l'on commentait les nouvelles toujours contradictoires qui circulaient dans nos rangs, et cette vie de campagne devenait abrutissante.

On n'apprendra rien en rappelant qu'on était mal vêtu, chaussé, équipé et nourri, et que le tabac, cette suprême consolation du soldat, faisait souvent défaut.

Après tout, on n'était pas là pour avoir ses aises, mais pour supporter les fatigues et les privations aussi philosophiquement que possible.

Nous rappelons pour mémoire ces heures de grand'gardes, la nuit dans la neige jusqu'au ventre où la sentinelle avancée mettait en fuite lièvres et perdreaux ; où nous songions au 8 mai 1870 dont la campagne plébiscitaire avait provoqué celle de l'année terrible, maudite, devrait-on dire !

*
* *

Combien d'Ardennais sachant les crimes de Bazeilles, de Vaux, de Mézières et d'ailleurs, accusaient les auteurs de cette guerre fatale que le gouvernement de la Défense nationale devait continuer à outrance pour sauver l'honneur du drapeau français.

L'armée du Nord — comme celles de l'Ouest et de l'Est — devait finir en janvier 1871, une courte mais non moins glorieuse carrière !

Nos armées improvisées qui devaient lutter jusqu'au bout, n'ont été vaincues en somme que par la force des choses.

Si nous n'avions pas eu Metz et Sedan, c'est-à-dire la trahison après la débâcle, c'eût été une autre paire de manches !

Les armées improvisées, composées de débris échappés de Sedan, de dépôts et de régiments en formation, des mobiles pleins de bonne volonté, de mobilisés ou de volontaires n'ayant jamais tenu un fusil quelconque, enfin de tous les éléments qu'on recrutait difficilement, surtout dans les départements envahis, ont été à la hauteur de leur tâche.

On ne pouvait pas demander l'impossible à tous ceux qui luttaient un contre dix.

Ces armées improvisées, vouées à un sacrifice certain, n'en ont pas moins fait leur devoir et il nous suffirait de rappeler les glorieuses étapes de l'armée du Nord où notre incomparable marine a été sublime à Bapaume, à Pont-Noyelles et à Saint-Quentin.

****

Mais il nous tarde de finir ce court récit : Notre colonne volante de Cambrai avait repris en janvier, la ville de Saint-Quentin.

Les bataillons des Ardennes entrèrent dans la ville en chantant la *Marseillaise* et ayant à leur tête des officiers dont les noms nous échappent, à part toutefois celui du brave commandant Verseaux, qui portait son uniforme d'officier de turcos.

La population patriotique de Saint-Quentin fit une réception très cordiale aux troupes, mais déjà on n'avait plus guère l'espoir de vaincre quand eut lieu la jonction de l'armée du Nord et de la colonne volante de Cambrai.

L'ennemi — toujours grâce à cette tactique facile pour qui dispose de forces considérables et de troupes fraîches — avait formé un cercle de fer autour de Saint-Quentin.

On se battit bravement le 19 janvier 1871.

Nous avons vu tomber, dans notre modeste sphère d'action, bien des camarades ou des compagnons d'armes ; là furent blessés ou tués des amis dont les noms sont gravés dans la mémoire et le commandant Verseaux fut au rang des premières victimes ; il tomba foudroyé d'une balle dans la tête.

La compagnie franche eut son contingent de blessés et de tués.

Depuis cette époque beaucoup de ceux qui ont pris part à la campagne de 1870-1871 sont morts des suites de maladies contractées en captivité ou de blessures reçues sur le champ de bataille.

Pour ceux qui ont laissé leurs os à Saint-Quentin un monument a été érigé ; il glorifie les héros-martyrs de l'armée du Nord. Celle-ci a été jugée, nous n'en dirons pas davantage, car notre but en écrivant cette courte chronique était de rappeler vingt ans après quelques souvenirs que beaucoup de nos amis et lecteurs n'ont pas oubliés !!!

Après la bataille de Saint-Quentin les débris de l'armée se replièrent sur Cambrai ; une partie de la mobile des Ardennes fut cantonnée à Gravelines et les survivants de la compagnie franche furent ramenés à Sedan, place Turenne, par le brave sergent Brégi.

D'autres, comme notre capitaine, furent faits prisonniers de guerre.

M. J. Stackler put s'échapper en route, mais tous n'eurent pas cette chance !

Nous fûmes internés à Coblentz avec Mathé, Laroche, Bien, Mozaive qui faisait de la caricature militaire très réussie, Poulet, de Balan, etc., etc.

III

Pour continuer celte série de souvenirs, en voici
un qui date du mois de mai 1871 :

Un soir de mai, le rossignol chantait au-dessus
de la pyramide de Marceau à Coblentz, au moment
où le train nous emportait du camp des prisonniers,
pour réintégrer la France dont nous étions séparés
depuis quelques mois.

Dans le même compartiment, se trouvait l'un de
nos confrères, Augustin Pollet, originaire de La
Bassée, près de Lille, et mobilisé en 1870.

Pollet, qui était très maigre, portait une tête
très expressive, encadrée d'épais et longs cheveux
noirs qui tombaient sur lo col rouge de sa tunique
étoilée de boutons blancs ; il fumait cigarette sur
cigarette et, l'œil collé à la portière, il regardait
dans la nuit se succéder ces merveilleux paysages
du pays rhénan, ces vieux burgs en ruines ou à
travers les créneaux la lune se joue nonchalam-
ment, tandis que les rapaces nocturnes évoluent
autour des îles fleuries qui rappellent quelques
légendes d'amour ; ces villages bien plantés dans
les vignobles et ces villas qui escaladent la nue à
la façon des géants de la fable ! Tout cela était
cher à ce poète délicat !

Et Pollet, qui était de la Société des gens de
lettres, admirait ces merveilleux bords du Rhin et
de la Moselle qu'il nous avait été donné de visiter
non en touristes, mais, hélas ! en prisonniers de
guerre !

**

A côté de nous se trouvaient des camarades du
camp de Petersberg ; il y en avait du département

du Gard, grands causeurs et blagueurs sans gaîté ; puis des Picards matois qui étaient peu exhubérants et n'offraient guère leur bidon aux camarades ; les gars du Nord étaient plus ronds en relations et ils faisaient très bon ménage avec les Sangliers des Ardennes ; mais les Champenois du pays rémois — ceux qui s'étaient vaillamment battus à l'armée du Nord et ailleurs — étaient d'un entrain qui sent le mousseux de première marque !...

Et les conversations allaient bon train et chacun s'épanchait !... Un grand Picard, sec comme un coup de trique, parlait de la belle laissée au pays et les mobiles du Gard lui renvoyaient quelques plaisanteries salées.

Seul Pollet était rêveur et le pauvre garçon songeait déjà à rimer ses sonnets sur « la Guerre » et à préparer d'autres œuvres littéraires dédiées depuis aux maîtres du Parnasse contemporain.

Dans les wagons voisins, le vin blanc de la Moselle et le schnapp faisaient leur effet ; on chantait à tue-tête.

Et les échos des roches balafrées par le temps nous renvoyaient ces chants de bivouac où, à défaut de rimes ciselées, le gros sel est monnaie courante.

Il y avait là deux enfants de Paris, vrais diables à quatre, qui avaient joué mille et une niches aux placides patrolaires de la garde territoriale ; puis c'étaient de vieux pieds de bancs de l'armée de Metz, à la barbiche grise, à la poitrine ornée de médailles.

D'autres prisonniers libérés étaient entassés dans des wagons à bestiaux : les Allemands n'y regardaient pas de si près. Mais bast ! on allait être libre bientôt, et l'on se moquait bien du confort !

*
* *

A Thionville (le nom de la gare était déjà germanisé) et ce fut pour nous tous un serrement de cœur en entrant sur la terre lorraine qui était brutalement arrachée à la mère-patrie.

Après, ce fut Metz.

Quel triste coup d'œil que ces rives de la Moselle, jadis si vivantes et où maintenant on n'entendait plus que le dialecte teuton.

On apercevait encore les traces des campements de la belle et solide armée que le traître Bazaine avait livrée avec nos plus glorieux étendards !

On apercevait les murs crénelés des jardins, puis les tertres où dormaient côte à côte les héros de Borny.

Où l'herbe poussait drue, de grossiers tumulus indiquaient que là on avait enfoui les carcasses des chevaux et des mulets.

Nous vîmes, au soleil levant, les murailles de Metz la pucelle, de cette cité où rougit la statue de Fabert !

Nous jetâmes un coup d'œil, troublé par de sincères larmes, sur les forts que les Allemands, dit-on, ont rendus imprenables et les plus joyeux prisonniers s'étaient tus !

Les vieux sergents indiquaient du doigt les positions qu'ils avaient occupées sous Metz et d'aucuns serraient le poing en poussant un nom de dieu significatif et en adressant à l'ignoble capitulard ce qu'il avait mérité, en attendant le jugement de cet homme sinistre qui devait si obscurément finir en Espagne.

Après Metz, Longwy ; cette forteresse en avait vu de rudes, et le siège barbare de cette place mal armée au début de la guerre, et le bombardement impitoyable accompli à froid comme celui de Mézières, de Strasbourg et d'autres villes, nous revenaient à la mémoire comme un affreux cauchemar !

Puis ce fut Montmédy, dont la ville haute a été détruite par les obus prussiens partant des Hautes-Forêts.

Après la vallée de la Chiers, celle de la Meuse nous apparut à Bazeilles.

Après le passage du fameux pont de chemin de fer que le général avait ignoré — comme on l'a constaté depuis — nous jetâmes un regard plus attristé encore sur les ruines d'une commune jadis si florissante et que les Bavarois incendiaires avaient ruinée de fond en comble.

*
* *

C'était navrant, cette vue de Bazeilles !

Cinq minutes après, nous étions en gare de Sedan : c'était un beau dimanche ; il pouvait être quatre heures du soir quand notre train de prisonniers stoppa.

Quelques bonnes poignées de main, de franches accolades rapidement échangées, et, profitant d'un moment de distraction des Allemands qui devaient nous remettre aux mains de l'autorité militaire française en gare de Mohon, nous nous précipitâmes avec deux camarades sur la voie ferrée et, sac au dos, nous disparûmes dans la direction de l'établissement du tir.

Ces bons Allemands firent mine de poursuivre les prisonniers qui avaient imité notre exemple : c'était peine perdue.

Il eut été bien dur, en effet, de dépasser Sedan, notre chère ville natale.

Partout du côté de la Marfée, les oiselets chantaient ; les hirondelles, arrivées depuis l'Avril, se poursuivaient dans la nue, haut, très haut où ne va guère le pigeon voyageur, et la promenade de la digue estompait de son rideau verdoyant naissant de peupliers d'Italie l'immense plaine qui bordait encore à l'époque les glacis de la place.

Sedan, chacun retrouvait qui, sa famille, qui, sa fiancée, qui, ses amis, mais par malheur nous devions subir encore durant trois ans la présence de l'ennemi.

Après vingt ans, ce souvenir du mois de mai nous est revenu !

Depuis, notre cher et regretté Pollet a quitté cette vallée de larmes ; il repose là-bas dans le cimetière communal de La Bassée, mais il est maints compagnons de captivité qui survivent encore et qui n'ont pas oublié ce rapatriement.

Nous n'oublierons jamais non plus cet anniversaire du mois de mai !

**

Depuis le mois de mai 1871 beaucoup d'événements se sont succédé.

Tous les moblots — qu'on a blagués à tort — ont accompli des périodes de 28 et de 13 jours.

Presque tous les survivants de 1870-1871 n'ont pas l'*oreille coupée,* ce qui équivaut à dire qu'au cas échéant ils repartiraient au premier appel du clairon.

On ne sait pas ce que l'avenir réserve, mais il est certain que les moblots sedanais et tous leurs camarades des bataillons de la région de l'Est et du Nord n'ont qu'une seule et sublime devise qu'on peut traduire ainsi : *Tout pour la France républicaine ! Tout pour la Patrie !*

**

Au moment de clore cette brochurette, un camarade me remet un itinéraire de *nos pérégrinations en 1870-1871,* à partir de notre départ de Givet ; nous le publions ci-après de même que la liste des anciens combattants de la Compagnie franche quand celle-ci était au complet ; l'itinéraire vient d'un carnet de poche d'Honoré L... et la liste du carnet d'appel de notre ami Jules Gillet, capitaine de tir de l'armée territoriale.

Voici tout d'abord l'itinéraire annoté et complété :

Départ de Givet le 14 novembre 1870, pour Fumay.

Le 15, arrivée à Rocroy ; le 16, nous sommes à Signy-le-Petit, où l'on reçoit bon accueil.

Le 17, nous remplaçons à Anor un bataillon du 24me de ligne, dont le commandant recevra en route une balle française dans la tête !

On demeure à Anor jusqu'au 29, pour se rendre à Maubert-Fontaine où l'on couche ; le 30, on est à Any pour retourner à Anor le 1er décembre.

Le 4, nous sommes à Vervins et nous allons le 9 à Guise où l'on loge dans les greniers de la citadelle sans plume de six pieds ; on s'éveille roide de froid comme un poteau indicateur ; le 10, grand'-garde dans la neige jusqu'au ventre à Origny-Sainte-Benoîte (pays du cidre doux et de la vannerie fine) ; le 12, on saute à Vendeuil ; le 13, on est à Moy ; le 14, à Origny, et le 15, à Chevesnes, où l'on séjourne.

Le 17, on s'arrête à Crécy-sur-Serre et le 18, à Ribemont.

Le 19, retour à Vervins et les 20, 21 et 22, cantonnement et affaire de Thenailles où un curé patriote sert d'éclaireur à des francs-tireurs. Le 23, nous faisons notre entrée à Etrœungt et le 24 à Prisches où nous séjournons jusqu'au 29, dans une petite commune dont les naturels sont tristes comme des bonnets de nuit.

Les 30 et 31, nous sommes à *la Croise* et le 1er janvier au Cateau-Cambrésis.

Le 2, rencontre avec les dragons de la reine de Saxe ; on en pince quatre dans les caves.

On retourne au Cateau et le 4 on va en excursion à Bohain, autre pays de tisserands.

On nous fait revoir le Cateau, où nous logeons chez un fabricant de « harnais » pour tisseurs.

La famille se compose du père, de la mère et de six jeunes filles qui travaillent à la main, tandis que trois frères aînés sont à l'armée du Nord.

Du Cateau nous filons pour Masnières où la compagnie est de grand'garde.

Cette fois, si j'ai bonne mémoire, nos officiers l'ont échappé belle, en se hasardant le matin dans

une ferme sise à l'embranchement des routes de
Péronne et de Cambrai.

Le 13, on marche en reconnaissance du côté du
Catelet ; on canarde des éclaireurs ennemis qui
parviennent à s'échapper en laissant des traces de
sang.

Nous nous arrêtons à Rumilly et le 15 nous
trouve à Bellicourt.

L'ennemi se rapproche ou plutôt on le joint ;
l'artillerie des Lillois fait parler la poudre en
démontant — avec des pièces de quatre de mon-
tagne — des pièces allemandes de sept de
campagne.

Un paysan qui se sauvait a un bras emporté ;
les uhlans défilent avec audace, mais ils aban-
donnent bientôt le terrain dans la direction de
Saint-Quentin.

La nuit du 16, nous marchons sous le commandement du général Martin et dès le petit jour, à
7 heures 1/2, les deux bataillons des Ardennes se
préparent à l'attaque de la ville de Saint-Quentin,
tandis que l'artillerie fait entendre sa mâle
aubade...

On a le cœur au ventre !

La vieille cité picarde est reprise et le tour de
grand'garde nous échoit.

Nous sommes au delà du canal de navigation et
la nuit on veille à quelques pas des Prussiens qui
nous entourent peu à peu.

Le 18, premier engagement où l'armée du Nord
se distingue.

Le 19, bataille de Saint-Quentin.

L'ennemi a le dessus, mais au prix de quels
sacrifices ?

Sur la route de Saint-Quentin à La Fère, des
milliers d'Allemands avaient été fauchés. Comme
du côté du Moulin-à-Vent où s'élève le monument
commémoratif et où notre compagnie a commencé
le feu le 19 au matin.

Le 20, les prisonniers de guerre arrivent par
colonnes à La Fère, pour être dirigés par Reims,

Sedan, Montmédy, Longwy, Metz et Thionville vers la Prusse rhénane.

Au camp de Karthaüs, un prisonnier, plus riche d'inspiration patriotique que de rimes, pond les couplets ci-après :

La Marseillaise des Prisonniers de guerre.

I

Amis, contemplez la misère
Où la trahison nous conduit !
Nous Français dont l'âme est si fière
Pouvons-nous supporter ceci ?
Non, non, non, non, car la vengeance
Dans nos cœurs a jeté son cri,
Et pour retourner au pays
Dieu, donnez-nous la délivrance.

REFRAIN

Courage mes amis !
Soyons toujours unis !
Chantons, chantons à l'unisson
A mort Napoléon...

II

En attendant cette vengeance
Qui pèse tant sur tous nos cœurs
Songeons amis à la belle France
Atteinte par tant de malheurs !
La République vient de naître
Pour elle se dévoue la Nation
Et par ses amis nous verrons
Succomber jusqu'au dernier traître !

III

Nous regagnerons nos frontières
Couverts de gloire et de lauriers
Là nous retrouverons nos frères
Qui seront devenus guerriers !
Les voyez-vous ces jeunes braves
Venir s'élancer dans nos bras
Et nous prouver par des hourras
Qu'en France on ne peut vivre esclave.

A part les accrocs aux règles de la prosodie, ces couplets produisaient leur effet !

. . . .

**

Voici maintenant la liste des camarades dont beaucoup, hélas ! manquent à l'appel :

Sergent Maljean. — 1re escouade : Caporal Mogue ; Laplanche, Bourgeois, Lefort, Caniart, Warin, Marchal, Renaudin, Trubert, Renel, Créton (François), Créton (Gustave), Créton (J.), Boquillon, Tellier (Antoine), Bertaus, Touvière.

2me escouade : Caporal Weich ; Tavernier, Gibout, Tourny, Gravier, Prud'homme, Lucas, Henriet (J.-B.), Lallement (Léon), Lambert, Duchesnois, Malaizé, Martin, Robert, Taillefer, Dupont, Huart, Varoquier.

Sergent Brégi. — 3me escouade : Caporal Dupont ; Ricard, Jolly, Tobie, Pontoise, Petit, Rousseau, Leclerc (Cyrille), Lambert, Leclerc-Lambert, Bourgerie, Chenet, Bamase, Moreau, Deland'huy (Ernest), Lantenois, Adam, Bourguignon.

4me escouade : Caporal Maljean, de Francheval, et le regretté beau-frère Max Kistemann ; André, Potier, Hupin, Grippoix, Lambinet, Mauclaire, Bertrand, Colson, Hubert, Ponsard, Deland'huy (Emile), Rondeau, Thirion, Aubry, Leblanc, Gérard, Tellier (J.).

Sergent Georges. — 5me escouade : Caporal non désigné ; Guichard, Watelet (Nicolas), Oudinet, Henry (Aug.), Charlier, Génin, Mouzè, Tobie (J.-B.) Bourgerie, Godet, Malaisie, Ganze, Blanchemanche, Graftiau, Vaucher, Watelet (Aug.), Watelet (J.-B.), Gilmaire, Petit.

6me escouade : Caporal Pontoise ; Corda, Lallement, Laroche, Lefèvre (Paul), Leclerc, Percheron, Renaudin, Henrotel, Prophète, Lambert, Bazin, Cornet, Renaut, Body, Lefèvre (Jacques).

Sergent Colinet. — 7ᵐᵉ escouade : Caporal Pol Henry, de Torcy-Sedan ; Déhu, Mazuel, Foissier, Carton (J.-B.) Launois, Hubert, Rombuisson, Cornet (J.-B.), Clin, Boizet (J.-B.), Grodillot, Noté, Chaidron, Regnault, Becher, Nouvières, Viart.

8ᵐᵉ escouade : Caporal Ronnet ; Guillot, Anin, Haguette, Menu, Suzaine, Corniacelle, Blanchard, Noël, Poncelet, Malicet, Paulet, Chaidron, Mozaivé, Rambourg, Moreau, Maurice.

Pour terminer, aux survivants qui liront ces lignes, l'auteur adresse sa cordiale poignée de main et signe :

VERGILES (ERNEST HUPIN),
Ex-fusilier de la compagnie franche
du capitaine J. Stackler.

Sedan. — Typographie de JULES LAROCHE, rue Gambetta, 22.

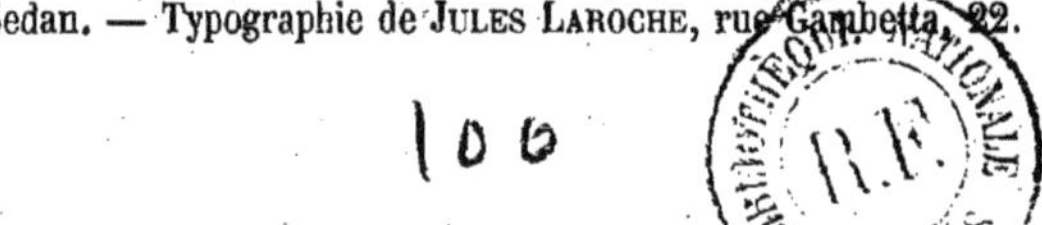